Sans limites

Le Tennis

John Crossingham
Illustrations : Bonna Rouse
Traduction : Marie-Josée Brière

D1518782

Le tennis est la traduction de *Tennis in Action* de John Crossingham (ISBN 0-7787-0122-0).
© 2002, Crabtree Publishing Company, 612 Welland Ave., St.Catherines, Ontario, Canada L2M 5V6

Catalogage avant publication de Bibliothèque et Archives nationales du Québec ettBib liothèque et Archives Canada

Crossingham, John, 1974-

Le tennis

(Sans limites)

Traduction de : Tennis in action.

Pour les jeunes de 8 à 12 ans.

ISBN 978-2-89579-184-3

1. Tennis - Ouvrages pour la jeunesse. I. Titre. II. Collection: Sans limites (Montréal, Québec).
GV996.5.C7614 2008   j796.342   C2007-942484-8

Recherche de photos
Heather Fitzpatrick
Jaimie Nathan
Remerciements particuliers à
Bronwyn Ann Hartley, Beata Knizat, Julio Murch, Jordan Tedesco-Blair, Oluf Lauridsen, St. Catharines Racquet Club

Photos
Marc Crabtree : quatrième de couverture, pages 15 (en haut à gauche), 16 (en bas), 17 (en haut), 19, 22, 23, 24, 25 et 31
Autres photos : Adobe, Corbis Images, Digital Stock

Illustrations
Bonna Rouse, sauf : Trevor Morgan : page 9 (en bas, à l'extrême droite)

Nous reconnaissons l'aide financière du gouvernement du Canada par l'entremise du Programme d'aide
au développement de l'industrie de l'édition (PADIÉ) pour nos activités d'édition.

 Conseil des Arts **Canada Council**
du Canada   for the Arts

Bayard Canada Livres Inc. remercie le Conseil des Arts du Canada
du soutien accordé à son programme d'édition dans le cadre
du Programme des subventions globales aux éditeurs.

Cet ouvrage a été publié avec le soutien de la SODEC.
Gouvernement du Québec – Programme de crédit d'impôt
pour l'édition de livres – Gestion SODEC.

Dépôt légal – 1e trimestre 2008
Bibliothèque nationale du Québec
Bibliothèque nationale du Canada

Direction : Andrée-Anne Gratton
Traduction : Marie-Josée Brière
Graphisme : Mardigrafe
Révision : Marie Théorêt

© Bayard Canada Livres inc., 2008
4475, rue Frontenac
Montréal (Québec)
Canada H2H 2S2
Téléphone : 514 844-2111 ou 1 866 844-2111
Télécopieur : 514 278-3030
Courriel : edition@bayard-inc.com

Imprimé au Canada

www.sanslimites.info

Sur le site Internet :

Fiches d'activités pédagogiques
en lien avec tous les albums
des collections Petit monde vivant
et Le raton laveur

Catalogue complet

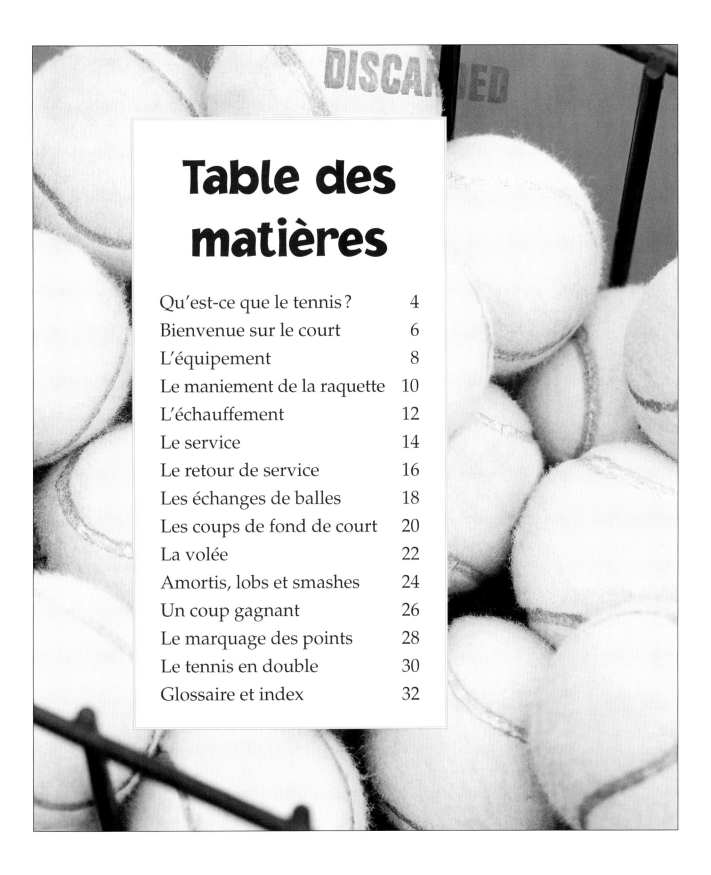

Table des matières

Qu'est-ce que le tennis ?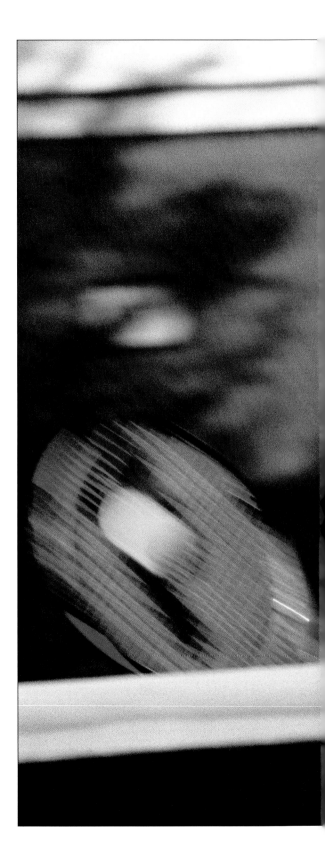

Le tennis est un des sports les plus populaires au monde. On y joue avec une raquette et une balle, sur une surface qu'on appelle un « **court** ». Les joueurs se renvoient la balle par-dessus un filet. Ils marquent des points lorsque leur adversaire est incapable de retourner un de leurs coups ou qu'il envoie la balle en dehors du court. Les points s'accumulent jusqu'à ce qu'un des joueurs gagne un **jeu** en marquant au moins quatre points.

Jeu, set et match

Mais la compétition ne se termine pas dès qu'un joueur a gagné un jeu! Il faut au moins six jeux pour faire une manche, aussi appelée « **set** », et la compétition au complet – c'est-à-dire le « **match** » – comprend plusieurs manches. Dans certains matches, le premier joueur à remporter deux manches sur trois est déclaré vainqueur. Dans d'autres, il faut gagner trois manches sur cinq pour l'emporter. Pour en savoir plus long sur le marquage des points, va voir aux pages 28 et 29.

En simple et en double

Le tennis peut se jouer à deux – c'est-à-dire « **en simple** » – ou à deux équipes de deux joueurs chacune. On dit alors qu'on joue « **en double** ». Nous parlerons surtout des règles du tennis en simple, mais tu trouveras aux pages 30 et 31 de l'information sur le tennis en double.

Le Grand Chelem

Les joueurs de tennis participent souvent à de grandes compétitions appelées « tournois », qui peuvent parfois réunir plus de 200 joueurs! Il y a beaucoup de rencontres de ce genre au tennis professionnel, mais les quatre tournois du Grand Chelem sont les plus importants : les Internationaux des États-Unis, les Internationaux de France, les Internationaux de tennis d'Australie et le tournoi de Wimbledon, en Angleterre.

Bienvenue sur le court

Le court de tennis est une surface plate rectangulaire, marquée pour le jeu en simple et le jeu en double. Le tennis en simple se joue sur un court plus étroit que le tennis en double, pour lequel un couloir additionnel est prévu de chaque côté. Le court est divisé en deux par un filet, d'un mètre de hauteur au centre et un peu plus haut près des poteaux érigés de chaque côté.

Des surfaces variées

La surface du court peut être en terre battue, en gazon, en ciment (on parle alors d'un court « en dur ») ou en matériaux synthétiques. Les courts couverts sont le plus souvent faits de divers matériaux synthétiques.

Service et réception

Les joueurs doivent tour à tour servir et relancer la balle. Pour mettre la balle en jeu, le joueur qui fait le service (le serveur) doit l'envoyer dans l'autre moitié du court, par-dessus le filet. Le joueur qui attend le service (le relanceur), doit tenter de retourner la balle de la même façon. C'est le même joueur qui sert pendant tout un jeu, après quoi les deux adversaires inversent les rôles.

Pour marquer des points

Au tennis, les joueurs marquent des points chaque fois que l'adversaire est incapable de leur renvoyer la balle, ou encore dans les situations suivantes :

- l'adversaire laisse la balle rebondir plus d'une fois avant de la frapper ;

- la balle atterrit en dehors du court (va voir à la page 7) ;

- l'adversaire frappe la balle plus d'une fois avant de la renvoyer par-dessus le filet ;

- l'adversaire frappe la balle avant qu'elle soit complètement rendue dans sa moitié du court ;

- la raquette, les vêtements ou le corps de l'adversaire touchent au filet.

Tu trouveras plus de détails sur le marquage des points aux pages 28 et 29.

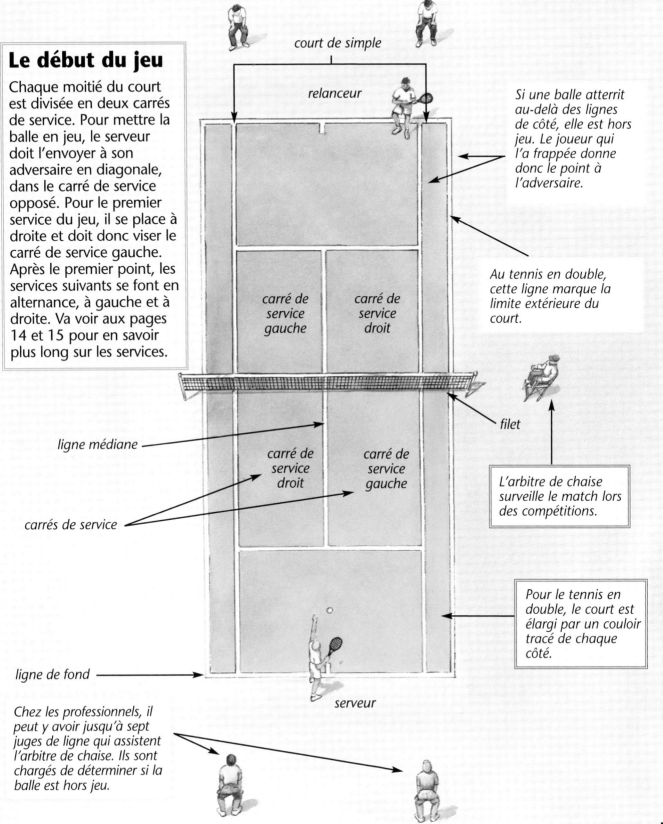

Le début du jeu

Chaque moitié du court est divisée en deux carrés de service. Pour mettre la balle en jeu, le serveur doit l'envoyer à son adversaire en diagonale, dans le carré de service opposé. Pour le premier service du jeu, il se place à droite et doit donc viser le carré de service gauche. Après le premier point, les services suivants se font en alternance, à gauche et à droite. Va voir aux pages 14 et 15 pour en savoir plus long sur les services.

court de simple

relanceur

Si une balle atterrit au-delà des lignes de côté, elle est hors jeu. Le joueur qui l'a frappée donne donc le point à l'adversaire.

Au tennis en double, cette ligne marque la limite extérieure du court.

carré de service gauche

carré de service droit

filet

ligne médiane

L'arbitre de chaise surveille le match lors des compétitions.

carré de service droit

carré de service gauche

carrés de service

Pour le tennis en double, le court est élargi par un couloir tracé de chaque côté.

ligne de fond

serveur

Chez les professionnels, il peut y avoir jusqu'à sept juges de ligne qui assistent l'arbitre de chaise. Ils sont chargés de déterminer si la balle est hors jeu.

L'équipement

Pour jouer au tennis, essaie de porter
des vêtements frais et confortables.
Un tee-shirt ample et une jupe
ou un short peu ajusté te
permettront de bouger
librement. Autrefois, les
joueurs devaient être
habillés en blanc de la tête
aux pieds. Cette règle n'est
généralement plus appliquée,
mais le blanc demeure un excellent
choix. Il reflète la chaleur du soleil,
ce qui aide à avoir moins chaud
sur le court.

Prends bien soin de tes pieds

Comme tu vas beaucoup courir et
sauter en jouant au tennis, il est
important de porter de bonnes
chaussures. Celles-ci doivent retenir
fermement le pied, bien soutenir le
talon et aider à amortir les chocs.
Les rainures de tes chaussures doivent
être appropriées au genre
de court sur lequel tu joues.
On recommande aussi de porter
d'épaisses chaussettes de coton
qui absorberont la transpiration.

La raquette

Les joueurs se servent d'une raquette pour frapper la balle. La tête de la raquette est de forme ovale. Elle est garnie de cordes tendues qui composent le tamis. C'est la partie qui entre en contact avec la balle. Sur le manche, la poignée est entourée de cuir ou de ruban synthétique pour que la raquette soit plus facile à tenir. Comme il se vend des raquettes de différentes grosseurs, pose des questions sur les modèles proposés avant d'en acheter une et essaies-en quelques-unes pour voir comment elles tiennent dans ta main.

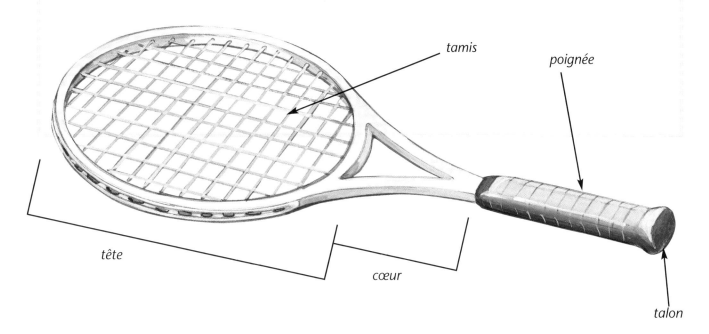

tamis

poignée

tête

cœur

talon

La balle

Les balles de tennis sont généralement jaune vif parce que les joueurs peuvent ainsi les voir plus facilement. Elles ont une surface duveteuse, en laine et nylon, qui les ralentit au contact de l'air. Sous cette surface, la coquille intérieure en caoutchouc est remplie d'air, ce qui rend la balle ferme et lui permet de rebondir. Les balles perdent toutefois leur air assez rapidement. Il est donc important d'en changer le plus souvent possible.

Les accessoires

Comme tu risques de transpirer beaucoup en jouant au tennis, pense à garder une bouteille d'eau à portée de la main pour remplacer l'eau que tu auras perdue. Des serre-poignets absorbants et une serviette sont utiles aussi pour garder tes mains bien sèches.

Le maniement de la raquette

Avant de commencer à jouer au tennis, tu dois te familiariser avec ta raquette. Exerce-toi à la manier en essayant de faire des **coups droits** et des **revers**. Pour réussir un coup droit, tiens ta raquette à côté de toi, la paume de ta main face au filet. Pour un revers, passe le bras qui tient la raquette devant ton corps, de manière que le dos de ta main soit tourné vers le filet. Pendant un match, tu te serviras de ces deux techniques pour frapper la balle. Tout dépendra de l'endroit où la balle arrivera et de ton côté le plus fort. Par exemple, si tu es droitier et que la balle arrive à ta droite, il sera préférable que tu fasses un coup droit.

Une bonne prise

Pour bien frapper la balle, tu dois apprendre comment tenir ta raquette. Il y a plusieurs types de **prise**, notamment la prise eastern, la prise western et la prise continentale, ou neutre. Les joueurs varient leurs prises plusieurs fois pendant un match, selon les **coups** qu'ils veulent faire. Quand tu t'exerceras à réussir les coups expliqués dans ce livre, essaie différentes prises pour voir laquelle te convient le mieux.

Certains des joueurs que tu verras dans ce livre sont gauchers, mais les instructions sont toujours présentées pour les joueurs droitiers. Si tu es gaucher, tu n'as qu'à suivre ces instructions en inversant la gauche et la droite.

La prise eastern

La prise eastern est utile pour toutes sortes de coups. Le tamis de la raquette est parfaitement à la verticale, ce qui permet de frapper facilement des coups sans effet pour envoyer la balle en ligne droite par-dessus le filet.

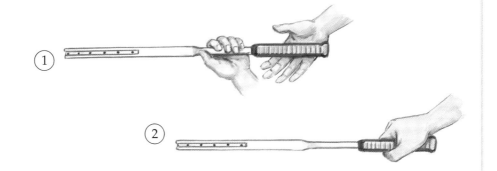

1. Prends ta raquette dans ta main gauche, le talon vers toi et la poignée sur la tranche. Place ta main droite à plat sur le côté droit de la poignée, en posant ton poignet près du talon de la raquette.

2. Referme la main autour de la poignée. Le « V » formé par ton pouce et ton index doit reposer sur la tranche de la raquette.

La prise continentale

Il te faudra sans doute un peu de temps pour t'habituer à cette prise, mais elle peut être très utile pour les services et les revers. Le tamis de la raquette est légèrement incliné vers le haut.

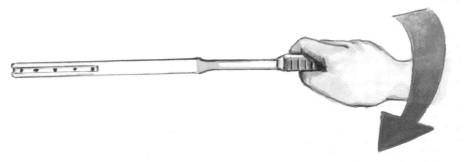

Commence avec une prise eastern, sans serrer la raquette. En immobilisant celle-ci avec ta main gauche, glisse ta main droite vers la gauche autour de la poignée.

La prise western

Cette prise te semblera peut-être bizarre au début, mais tu t'en serviras souvent une fois que tu l'auras maîtrisée. Le tamis de la raquette est légèrement incliné vers le bas.

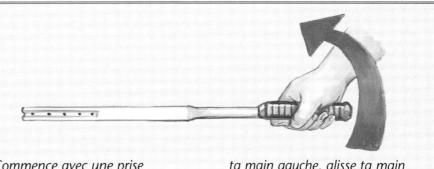

Commence avec une prise eastern, sans serrer la raquette. En immobilisant celle-ci avec ta main gauche, glisse ta main droite vers la droite autour de la poignée.

L'échauffement

Pendant un match de tennis, tu dois courir, t'arrêter, plonger de côté, bouger les bras et même sauter. Il est important de t'étirer les jambes, les bras, les épaules et le cou avant de commencer, sinon tu pourrais te claquer un muscle. C'est également une bonne idée de t'étirer légèrement après le match pour éviter les raideurs et aider ton corps à se refroidir.

Le croisement des jambes

Debout, croise les jambes à la hauteur des chevilles. Penche-toi vers l'avant et étire lentement les bras vers tes orteils. Garde les genoux légèrement fléchis en t'étirant le plus possible sans ressentir de l'inconfort. Reste dans cette position pendant cinq secondes, puis redresse-toi et change de jambe. Répète cinq fois de chaque côté.

Les rotations des bras

Debout, les pieds écartés à la largeur des épaules, fais des cercles avec tes bras. Commence par de très grands cercles et continue en décrivant des cercles de plus en plus petits, jusqu'à ce que tes bras soient presque à l'horizontale. Change ensuite de direction, en commençant par de petits cercles et en finissant par de très grands.

Les fentes

Les pieds écartés le plus possible, fléchis un genou en gardant l'autre jambe droite. Assure-toi que ton genou ne dépasse pas le bout de tes orteils. Tu peux poser tes mains sur ton genou plié ou sur le sol. Compte jusqu'à cinq. Répète cinq fois de chaque côté.

Les rotations du tronc

Les mains sur les hanches, les pieds écartés à la largeur des épaules, les pieds bien à plat, fais des cercles avec tes hanches : d'abord trois vers la droite, puis trois vers la gauche.

Les rotations du cou

Attention ! Tu pourrais facilement te blesser si tu ne fais pas cet étirement correctement. Penche la tête vers l'avant, le menton sur la poitrine. Tourne lentement la tête d'un côté puis de l'autre. Ne va pas trop loin – surtout pas jusqu'en arrière ! – et arrête dès que tu ressens de l'inconfort.

Le service

Les **échanges de balles** commencent toujours par un service. Chaque joueur a deux chances pour envoyer la balle dans le carré de service de l'adversaire. Si la balle ne traverse pas le filet du premier coup, ou si elle atterrit à l'extérieur du carré de service, il y a faute. Si le deuxième service n'est pas réussi non plus, il y a double faute, et c'est l'adversaire qui obtient le point. Comme les services ratés font perdre des points, il est important de t'exercer à viser le carré de service !

Un bon service peut aussi te valoir un point rapide. Si le relanceur ne réussit pas à le renvoyer – c'est ce qu'on appelle un « as » –, tu marqueras un point avant même que ton adversaire puisse commencer à jouer ! Pour réussir un as, tu dois apprendre à envoyer la balle là où ton adversaire sera incapable de l'atteindre. Exerce-toi avec un ami. En te préparant à servir, choisis un endroit et imagine-toi que la balle y atterrit. Essaie de trouver des endroits où ton ami ne pourra pas arriver à temps pour te renvoyer la balle.

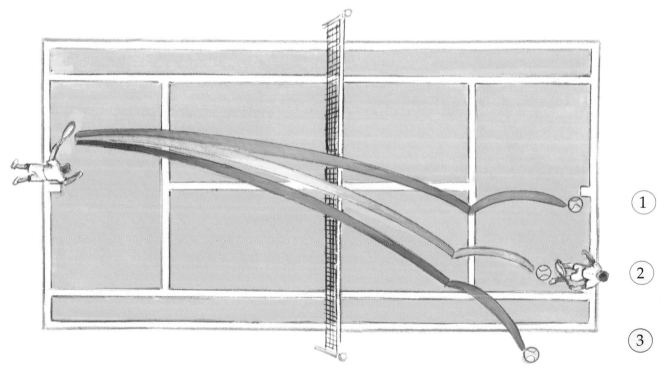

Ton adversaire aura du mal à attraper la balle si tu l'envoies au milieu (1) ou sur le côté (3) du court.

Et, si tu la lances directement sur lui (2), il n'aura pas beaucoup de place pour prendre son élan.

Dessus ou dessous ?

Il y a deux grands styles de service. Le service à la cuillère, à gauche, se fait par en dessous. Il est intéressant pour les débutants parce qu'il n'exige pas beaucoup de coordination. Le service tennis, par-dessus l'épaule, comme celui que fait le joueur à droite, est cependant plus rapide, plus puissant et plus précis.

Le service tennis

vue arrière

1. Tiens la balle dans ta main gauche, entre le pouce et les deux premiers doigts opposés. Lève le bras et lance la balle à la verticale à l'avant de ton épaule droite, sans la quitter des yeux.

2. En même temps, ramène ta raquette derrière ton épaule jusqu'à ce qu'elle touche presque ton dos. Tourne le torse vers la droite et fléchis les genoux, puis amorce ton élan sans cesser de suivre la trajectoire de la balle.

3. Lève le bras le plus haut possible, puis abaisse le poignet rapidement pour frapper la balle. Poursuis ton élan jusqu'à ce que ta raquette soit rendue en bas, de l'autre côté de ton corps.

Le retour de service

Pour attendre le service de ton adversaire, il est important de te placer à un endroit où tu pourras atteindre la balle rapidement et la renvoyer le plus efficacement possible. Par exemple, si ton coup droit est meilleur que ton revers, essaie de te poster de manière à pouvoir retourner la plupart des services avec un coup droit. L'endroit que tu choisiras dépend aussi de la puissance des services de ton adversaire. Il est généralement préférable d'attendre derrière la ligne de fond, dans le coin du court vers lequel ton adversaire va diriger son service.

Près du filet

Il n'est toutefois pas toujours nécessaire de rester au fond du court pour relancer la balle. Si ton adversaire a un service faible, rapproche-toi de l'endroit où la balle a des chances d'atterrir – à l'avant de la ligne de fond, par exemple – pour éviter d'avoir à courir pour la renvoyer. C'est également une bonne idée de t'avancer un peu pour attendre le deuxième service de ton adversaire. En effet, ce service est souvent moins puissant que le premier parce que le joueur a peur de faire une double faute. Il est donc plus facile à retourner.

La position d'attente

Quand tu attends la balle, tu dois pouvoir passer à l'action rapidement. Tu dois donc te mettre en position d'attente, comme le joueur qu'on voit à droite. Les pieds écartés à la largeur des épaules et les genoux fléchis, tu seras prêt à te déplacer dans n'importe quelle direction. Tiens ta raquette devant toi, le tamis à la verticale. Tourne-toi vers ton adversaire et ne quitte pas la balle des yeux.

Prêt à tout

Quand tu es en position d'attente, il est important de garder les deux bras devant toi. De cette façon, tu pourras facilement ouvrir ton bras porteur – celui qui tient ta raquette – pour faire un coup droit, ou le tendre du côté opposé pour exécuter un revers. Pour en savoir plus long sur le coup droit et le revers, va voir aux pages 20 et 21.

Les échanges de balles

Pendant les échanges de balles entre ton adversaire et toi, d'un côté à l'autre du filet, tu dois penser à plusieurs choses en même temps. Premièrement, tu dois garder la balle en jeu en l'envoyant par-dessus le filet sans la faire sortir du court. Deuxièmement, essaie de **couvrir** le court de manière à être toujours en mesure d'attraper la balle. Troisièmement, surveille les endroits **à découvert** du côté de ton adversaire et essaie d'y envoyer la balle.

Les coups échangés ne donnent pas tous une chance de marquer des points. Ils servent parfois uniquement à garder la balle en jeu. Ils peuvent aussi obliger ton adversaire à se déplacer, ce qui te permettra peut-être de marquer un point au prochain coup. Après chaque coup, retourne vite en position d'attente pour être prêt à réagir quand ton adversaire te renverra la balle. Et surtout, ne quitte jamais la balle des yeux !

Des coups particuliers

Si tu frappes la balle une fois qu'elle a rebondi, c'est ce qu'on appelle un « **coup de fond de court** ». Si tu la frappes avant, c'est une **volée**. Il est préférable de frapper à la volée quand tu es proche du filet. Les coups de fond de court sont utiles à l'arrière du court.

Pour donner un effet rétro, incline la tête de ta raquette vers l'arrière. Vise un peu au-dessous de la balle et effleure-la avec le tamis.

Pour ajouter un effet lifté, incline légèrement la tête de ta raquette vers le bas et frappe la balle en prenant ton élan de bas en haut.

Tout un effet !

Si tu mets de l'effet dans la balle, l'adversaire aura plus de difficulté à te la renvoyer. Mettre de l'effet, c'est lancer la balle en la faisant tourner sur elle-même, ce qui modifie la façon dont elle rebondit. Il y a deux sortes d'effet : l'effet lifté et l'effet rétro, ou coupé. Une balle liftée retombe vite et rebondit en s'éloignant rapidement de l'endroit où elle a atterri, tandis qu'une balle coupée rebondit un peu plus haut et plus lentement. Les coups de ce genre permettent de prendre l'adversaire par surprise, mais n'oublie pas que la balle se déplace alors plus lentement qu'après un coup normal. Ton adversaire a donc plus de temps pour réagir. Exerce-toi à mettre de l'effet dans ta balle et surveille comment celle-ci rebondit en frappant le sol.

Les coups de fond de court

Pendant les échanges de balles, tu enverras le plus souvent la balle vers le fond du court. Que tu fasses un coup droit ou un revers, assure-toi de frapper la balle avant qu'elle rebondisse deux fois, sinon tu n'auras pas de point ! Il est facile de t'exercer à faire des coups de ce genre, en te plaçant à une distance de 6 à 8 mètres d'un mur extérieur. Laisse la balle rebondir une fois avant d'y toucher et vois combien de fois tu peux la frapper avant de rater ton coup. Quand tu t'exerces sur un court, choisis des cibles imaginaires et essaie de les atteindre.

Le coup droit au fond du court

1. À partir de la position d'attente, fais pivoter le haut de ton corps vers l'arrière quand tu vois la balle arriver. En même temps, redresse ton bras porteur derrière toi. Mais attention – ne va pas trop loin !

2. Avance ton pied gauche tout en commençant à ramener tes hanches, tes épaules et ton bras droit vers l'avant. Garde le bras décontracté. Tiens ta raquette fermement, mais sans serrer.

3. Regarde attentivement la balle et essaie de la frapper quand elle sera à peu près à la hauteur de ta taille. Finis ton geste en accompagnant la balle après ton coup.

Le revers au fond du court

Tu ne seras peut-être pas très à l'aise pour faire des revers, au début, mais ce sont des coups importants à maîtriser pour envoyer la balle au fond du court. Tu peux tenir ta raquette à une ou deux mains. La plupart des débutants préfèrent utiliser leurs deux mains, ce qui leur donne plus de force et de précision. Essaie les deux techniques, qui ont chacune leurs avantages.

Le revers à une main

Les mouvements à faire pour le revers à une main sont à peu près les mêmes que pour le revers à deux mains expliqué ci-dessous. La principale différence, c'est que tu tiens la raquette d'une seule main. Même si tu as alors un peu moins de puissance, tu bénéficies d'une plus grande portée et tu peux finir ton geste plus haut.

Le revers à deux mains

1. Tiens ta raquette à deux mains. Choisis ta prise et place-toi en position d'attente. Quand la balle arrive, avance ton pied droit dans sa direction tout en pivotant vers la gauche et pousse ta raquette vers l'arrière en la tenant à deux mains.

2. Ramène le haut de ton corps vers l'avant, en commençant par ton épaule droite. Relève légèrement ta raquette et frappe la balle quand elle est rendue à peu près à la hauteur de ta taille. Finis ton geste jusqu'à ce que la raquette pointe vers le haut.

La volée

La volée, c'est un coup frappé avant que la balle ait eu le temps de rebondir. Elle se fait habituellement près du filet, mais tu ne peux pas te contenter de courir vers le filet en espérant en réussir une. La balle passerait probablement à côté de toi avant que tu sois rendu au bon endroit. Il faut plutôt préparer ta volée par un coup d'approche. C'est un coup bien placé au fond du court, dans le coin le plus éloigné de ton adversaire. Pendant que celui-ci se déplacera pour attraper la balle, tu auras le temps de monter au filet pour la volée qui suivra.

1. Pour une volée de coup droit, avance ton pied gauche vers la balle et pivote vers la droite. Tiens ta raquette en ligne avec ton épaule droite.

Les avantages

Tu dois réfléchir vite pour planifier ce genre de coup, mais cela en vaut la peine. Si tu réussis à frapper efficacement à la volée, tu pourras exploiter tout le court et envoyer ton adversaire courir après la balle.

Pas trop fort

Contrairement aux coups de fond de court, les volées n'exigent pas beaucoup d'élan ni de poursuite du mouvement. Quand tu frappes à la volée, imagine que tu attrapes la balle avec ta raquette. Si tu fais ton mouvement en douceur, elle rebondira sur le tamis de ta raquette avec assez de force pour repasser par-dessus le filet.

2. Frappe la balle juste à l'avant de ton corps et retiens ton geste une fois qu'elle aura touché ta raquette.

La volée de revers

La volée de revers se fait à une ou deux mains. Cependant, comme c'est un coup très rapide, la plupart des joueurs utilisent seulement une main. Ils peuvent adopter plus vite la bonne prise avec une main qu'avec deux. Essaie une prise continentale pour tes volées de revers. Cela te paraîtra peut-être difficile au début, mais une fois que tu auras l'habitude, tu auras un meilleur contrôle.

1. En position d'attente, avance le pied droit vers la balle et pivote vers la gauche. Ta raquette doit être en ligne avec ton épaule gauche.

2. Frappe la balle lorsqu'elle est juste à l'avant de ton corps, en tournant ta raquette vers l'avant. Retiens ton geste une fois que la balle aura touché la raquette.

Pour t'exercer en solo

Un des meilleurs moyens d'améliorer ta volée, c'est de t'exercer contre un mur. Place-toi à une distance de 3 à 5 mètres et lance la balle sur le mur. Quand elle reviendra vers toi, essaie de la frapper avant qu'elle rebondisse. Vois combien de fois tu peux réussir ta volée, et change de côté périodiquement pour t'exercer à frapper du coup droit et du revers.

Amortis, lobs et smashes

Il te faudra parfois plus qu'une volée ou un coup de fond de court pour te sortir d'une situation difficile ou t'aider à marquer un point. Dans ces cas-là, tu peux essayer un coup qui sort un peu de l'ordinaire. Exerce-toi à faire des amortis, des lobs et des smashes, qui deviendront tes armes secrètes. Si tu t'en sers intelligemment, ces coups peuvent mettre fin à un échange et te valoir des points.

Que ce soit pour un lob de coup droit ou de revers, fléchis les genoux plus que tu le ferais normalement et abaisse ta raquette derrière toi. Incline-la vers l'arrière en prenant ton élan pour frapper la balle vers le haut et poursuis ton mouvement jusqu'au bout. La balle devrait décrire un arc haut dans les airs.

Le lob

Le lob est un coup haut et arqué qui prend beaucoup de temps à retomber. Il a deux grandes utilités. Premièrement, si tu te retrouves en mauvaise posture sur le court, tu peux faire un lob **défensif** bien haut, qui te donnera le temps d'aller te placer à un meilleur endroit pendant que ton adversaire attend que la balle redescende. Deuxièmement, si ton adversaire est au filet, prêt à frapper à la volée, tu peux envoyer un lob **offensif** au-dessus de sa tête, loin hors de sa portée. Les lobs sont utiles si tu es en difficulté, mais il ne faut pas en abuser. Ils sont difficiles à maîtriser.

Le smash

Le smash est un coup puissant qui te permet d'envoyer la balle avec force de l'autre côté du filet. Tu peux t'en servir quand un lob de ton adversaire n'est pas assez haut pour que la balle soit complètement hors de ta portée. Il est important de bien choisir ton moment pour faire ce genre de coup, et de bien mesurer ton geste. Souvent, les joueurs sont tellement excités de faire un smash qu'ils envoient la balle en dehors du court, ou alors droit dans le filet. Attends calmement le bon moment, fais ton smash et finis ton geste.

1. Élève la raquette derrière ta tête et pointe ton autre main vers la balle. Fais quelques petits pas de manière à te trouver sous la balle, le corps tourné vers la ligne de côté.

2. Attends que la balle soit juste devant toi, à la limite de ta portée. Étire le bras vers le haut et frappe la balle de toutes tes forces. Poursuis ton mouvement vers le sol.

L'amorti

L'amorti est un coup qui retombe rapidement juste après avoir passé le filet. Tu peux le frapper à la volée ou au fond du court. Son principal avantage, c'est l'effet de surprise. Imagine-toi en plein milieu d'un long échange de balles. Ton adversaire et toi êtes tous les deux à votre ligne de fond. Ton adversaire s'attend à ce que tu lances encore une fois au fond du court, mais tu fais plutôt un amorti. Il doit alors se précipiter pour essayer d'attraper la balle.

Déguise ton amorti en ramenant ta raquette vers l'arrière, comme tu le ferais pour un coup ordinaire. À la dernière seconde, tourne le tamis vers le haut. Effleure le bas de la balle avec ta raquette pour lui donner de l'effet. Dirige ton élan dans la direction où tu veux envoyer la balle.

Un coup gagnant

Le but du jeu, au tennis, c'est d'envoyer la balle là où ton adversaire ne pourra pas l'atteindre à temps pour te la renvoyer. Si tu vises bien, tu réussiras un coup gagnant. Il faut beaucoup d'entraînement pour y parvenir, mais il n'y a rien de plus utile que de pouvoir placer la balle exactement où tu veux.

Même si tu ne peux pas frapper un coup gagnant chaque fois, tu obligeras ton adversaire à rester toujours en mouvement si tu contrôles bien tes coups. Plus il devra courir pour te renvoyer la balle, plus il y a de chances qu'il rate son coup. Vise un coin du court que ton adversaire ne pourra pas atteindre, par exemple l'endroit qu'il vient de quitter.

Le coup de débordement

Le coup de débordement peut être utile contre un adversaire qui est posté près du filet. Il y a alors, à sa gauche et à sa droite, une petite zone qu'il est incapable de couvrir. Si tu frappes un puissant coup de fond de court dans cette zone, la balle passera à côté de lui, hors de sa portée. Il n'y a pas de méthode infaillible pour frapper un coup de débordement. Il faut simplement t'exercer à bien viser. Alors, n'hésite pas à essayer cette manœuvre pendant un match.

Le coup croisé

Il peut aussi être utile de frapper la balle en diagonale, pour qu'elle soit hors de portée de l'adversaire. C'est ce qu'on appelle un « coup croisé ». Il est particulièrement efficace quand l'adversaire joue plus souvent d'un côté du court que de l'autre. Plutôt que d'envoyer la balle droit devant toi, vers ton adversaire, essaie de la diriger vers l'autre côté du court. Pour réussir un coup croisé, il faut frapper la balle un peu plus tôt que tu le ferais normalement.

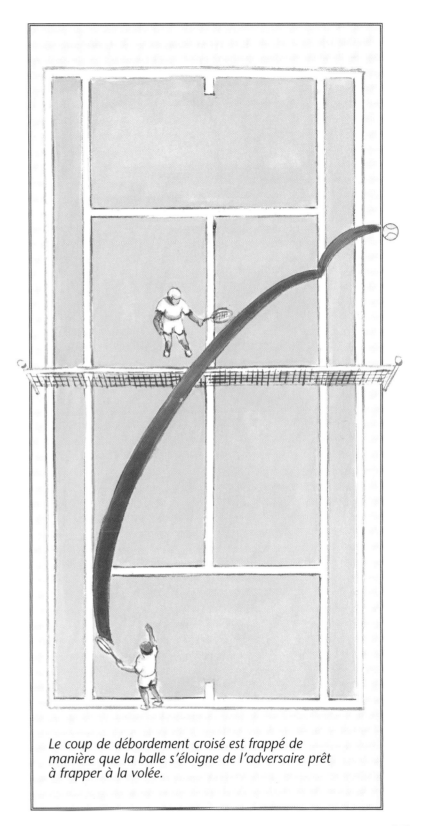

Le coup de débordement croisé est frappé de manière que la balle s'éloigne de l'adversaire prêt à frapper à la volée.

Le marquage des points

La façon de marquer les points au tennis peut paraître très compliquée au premier abord. Les points s'additionnent différemment selon l'étape du match et, de plus, ils portent des noms différents. Au début de chaque jeu, les joueurs sont à zéro ; c'est ce qu'on appelle le « handicap zéro ». Mais on ne dit pas que la marque est de 0 à 0. On dit que c'est « zéro partout ». Quand un joueur marque un point, il est à 15. Il passe à 30 au deuxième point, et à 40 au point suivant. Quand il a marqué au moins quatre points, il remporte le jeu. Le point gagnant porte donc le nom de « balle de jeu ».

Un compte complexe

En plus des points dans chaque jeu, il y a deux autres éléments à compter: le nombre de jeux gagnés dans une manche et le nombre de manches remportées dans un match. Le tableau indicateur ci-dessous montre la marque au cours d'un match au meilleur des cinq manches. Les cinq paires de chiffres montrent combien de jeux les deux adversaires ont gagnés dans chaque manche.

Jusqu'ici, Côté et Sauvé ont remporté chacune deux manches dans ce match. Dans la cinquième et dernière manche, Côté mène par trois manches contre deux, mais Sauvé est en train de gagner le jeu en cours par la marque de 40 à 15. Si Sauvé marque le point suivant, elle gagnera le jeu et portera la marque de la manche à égalité, à 3-3.

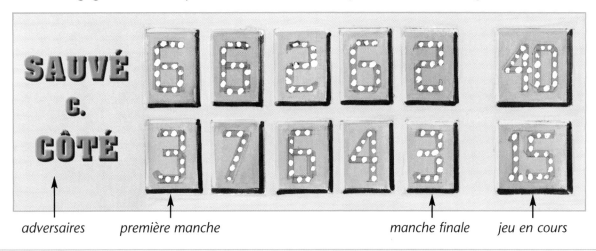

adversaires   *première manche*   *manche finale*   *jeu en cours*

Une marge de deux points

Il faut quatre points pour gagner un jeu, à condition de mener par au moins deux points. Si les joueurs sont à égalité avec trois points chacun (40-40), on dit « quarante partout » pour annoncer la marque. Dans ce cas, aucun des joueurs ne peut gagner simplement avec un quatrième point. Il faut qu'un des deux marque deux points de suite. Le joueur qui marque le premier point a l'avantage. Si son adversaire marque après lui, le jeu est de nouveau à égalité. Et les joueurs doivent continuer d'essayer de marquer deux points de suite.

Pour remporter une manche

Les joueurs doivent gagner six jeux pour remporter une manche, mais ils doivent là encore mener par au moins deux points. Donc, si la marque atteint 5-5 pendant une manche, les joueurs doivent faire encore deux jeux. Si un joueur gagne ces deux jeux, il remporte la manche. Si chacun des joueurs gagne un jeu, il faut qu'il y ait bris d'égalité. Le premier joueur qui marque sept points avec une avance d'au moins deux points l'emporte, mais ce score est toujours noté 7-6. Sur le tableau indicateur ci-dessus, Côté a gagné la deuxième manche par un bris d'égalité.

Le tennis en double

Le tennis en double ressemble au tennis en simple, mais il y a deux joueurs plutôt qu'un dans chaque moitié du court. Les paires peuvent être composées de deux hommes, de deux femmes, ou d'un homme et d'une femme – c'est ce qu'on appelle le « double mixte ». Pour jouer en double, il faut apprendre à bien couvrir le court et à communiquer avec son coéquipier. Même si chaque équipe compte deux joueurs, ils doivent envoyer la balle chacun leur tour de l'autre côté du filet. Tu ne peux pas faire une passe à ton coéquipier, par exemple, pour qu'il lance la balle à ta place.

Le service en double

Les équipes font le service chacune leur tour, et les coéquipiers aussi. Par exemple, si tu sers pendant un jeu, c'est un de tes adversaires qui servira pour le jeu suivant. Et, quand ce sera de nouveau au tour de ton équipe, c'est ton partenaire qui servira.

Qui joue où ?

Le joueur qui ne sert pas se poste près du filet. Une fois la balle en jeu, les deux joueurs peuvent aller où ils veulent. Cependant, pour éviter la confusion – et les collisions –, c'est une bonne idée d'annoncer où tu as l'intention d'aller frapper la balle. Les deux joueurs doivent normalement rester assez près du filet, pas trop loin l'un de l'autre. Ils travaillent en équipe pour couvrir l'ensemble du court.

Au tennis en double, le serveur se poste souvent plus loin de la ligne médiane qu'il le ferait en simple. Pendant que le serveur qu'on voit ci-dessus s'avancera, après avoir fait son service, sa coéquipière couvrira l'autre côté du court.

De quel côté ?

Avant le début du jeu, les coéquipiers doivent décider quel carré de service ils veulent couvrir, selon qu'ils veulent recevoir les services du côté de leur coup droit ou du côté de leur revers. Une fois qu'ils ont fait leur choix, ils peuvent recevoir des services uniquement dans ce carré de service. Donc, si tu choisis de recevoir les services du côté du coup droit, par exemple, seul ton coéquipier pourra recevoir les services dans l'autre carré. Ce sera ainsi jusqu'à la fin de la manche. Ton partenaire et toi pourrez ensuite changer de carré pour la manche suivante.

Quand tu joues en double, n'essaie pas d'attraper toutes les balles. Si tu quittes ta position, tu pourrais laisser une partie du court à découvert. Tu dois travailler en collaboration avec ton partenaire pour empêcher les adversaires de marquer.

Glossaire

coup Fait d'envoyer la balle par-dessus le filet

coup de fond de court Coup frappé après que la balle a rebondi une fois

coup droit Coup frappé en plaçant la raquette sur le côté du corps

court Surface plate rectangulaire sur laquelle on joue au tennis

couvrir Se déplacer sur le court de manière à le protéger au complet

découvert (à) Se dit d'un endroit non protégé sur le court

défensif Se dit d'un coup qui vise à empêcher l'adversaire de marquer

double (en) En équipes de deux joueurs chacune

échange de balles Série de coups frappés en alternance jusqu'à ce qu'un des joueurs marque un point

jeu Partie la plus courte d'une compétition de tennis, pendant laquelle un joueur doit marquer au moins quatre points pour gagner

match Compétition de tennis comportant plusieurs manches

offensif Se dit d'un coup d'attaque qui vise à marquer un point

prise Façon de tenir sa raquette

revers Coup frappé en plaçant la raquette en travers de son corps

set Partie d'une compétition de tennis comportant au moins six jeux ; manche

simple (en) Joué par deux adversaires seulement

volée Coup frappé avant que la balle rebondisse

Index